AF253643

NOTICE

SUR

J.-J. CHAMPOLLION-FIGEAC

PAR M. JULES DAVID

*Président de la Société spéciale des Sciences, des Lettres et des Arts
de Fontainebleau.*

FONTAINEBLEAU

IMPRIMERIE ET LITHOGRAPHIE E. BOURGES

—

1867

NOTICE

SUR

JACQUES-JOSEPH CHAMPOLLION-FIGEAC,

Lue à la séance du 25 mai 1867

DE LA SOCIÉTÉ SPÉCIALE DES SCIENCES, DES LETTRES ET DES ARTS

DE FONTAINEBLEAU

—

MESSIEURS,

Vous savez tous la perte bien sensible que nous venons de faire en la personne de notre président d'honneur, M. Champollion-Figeac. Vous vous souvenez de la lettre, pleine d'encouragement et d'intérêt, qu'il nous a adressée à notre première séance publique; vous avez apprécié l'importance de son concours et ses efforts en faveur de notre avenir, lorsqu'il écrivit à M. le Préfet du département pour nous aider à obtenir l'approbation de nos statuts ; vous avez regretté que son grand âge et les fatigues que la terminaison de son dernier ouvrage lui causèrent l'empêchassent d'achever l'œuvre spéciale qu'il avait commencée pour nous : sa mémoire, en un mot, vous est précieuse, et vous me permettrez de vous esquisser rapidement cette existence si bien remplie et toute vouée à la science historique.

Il est des familles privilégiées dans les lettres et dans les arts, comme les Corneille, les Arnaud, les Chénier, les Carrache, les Boullongne, les Coustou; il en est aussi dans les domaines de la science historique, comme les Estienne, les Lacretelle, les Champollion. Mais, dans cette seconde partie du travail intellectuel, les capacités réunies de deux frères peuvent produire une plus grande somme de résultats satisfaisants et utiles, en combinant leurs forces, en multipliant leurs aptitudes, en s'adonnant ensemble aux mêmes études et aux mêmes explorations. Merveilleux échange de labeurs où l'un juge l'autre, le commente, le supplée, l'arrête dans ses fausses directions, le relève dans ses erreurs, poursuit pour lui une preuve, éclaircit un document, résume la science acquise pour y ajouter des trésors nouveaux! Heureux résultat de l'association où l'un est l'imagination, l'autre la critique; l'un la divination, l'autre la recherche, où tous deux s'entr'aident en se complétant! Tel est l'accord scientifique que nous présentent les deux Champollion. Avant eux l'Egypte, sans être moins curieuse et moins estimée peut-être, restait une énigme dans son passé, une confusion dans sa domination grecque, un musée sans légendes, une page de pierre sans traduction. Grâce à leurs efforts convergents, cette histoire problématique est devenue précise, exacte, positive; elle a gagné en vérité sans perdre en grandiose; et si Champollion jeune, par sa lecture des hiéroglyphes, a pénétré jusqu'au fond des siècles de la plus antique des nations, Champollion-Figeac, par son éclaircissement préalable de la transformation dernière et considérable de cette civilisation-mère, a rejoint les deux bouts de la tradition, et rétablit la trame d'une histoire continue.

Né le 5 octobre 1778, à Figeac, l'un des deux chefs-lieux d'arrondissement du département du Lot, ancienne ville qui possédait jadis une abbaye de Bénédictins, Jacques-Joseph Champollion y resta jusqu'en 1799, ayant eu le bonheur, grâce à un père distingué et éclairé, d'achever son instruction classique avant l'époque funeste où, sous le prétexte de détruire les préjugés, on porta un si rude coup à l'instruction publique par l'abolition de l'enseignement clérical. Dans les mauvais jours de notre révolution, à l'abri, par son âge, des réactions politiques, il fut même apprécié pour sa science relative et sa rédaction facile et nette, et devint le secrétaire de son district. C'est cette même instruction précoce, heureusement étendue et fortifiée par les soins d'un ancien bénédictin recueilli et sauvé par M. Champollion père, qui permit, plus tard, à Champollion-Figeac, d'être le répétiteur de son frère puiné, l'illustre Champollion jeune, né en 1790; ce fut ainsi qu'il se fortifia même sur le grec et le latin, ces langues immortelles dont tout d'abord nous étudions la formation, nous pénétrons l'esprit, nous admirons les beautés. Cette première éducation, aussi bien que celle de la famille, l'une pour l'esprit, l'autre pour le cœur, sont souvent la source de nos talents et de nos vertus ; rien ne peut les remplacer, même dans les existences les plus favorisées et dans les rangs sociaux les plus élevés, ainsi que Napoléon Ier le disait un jour d'un de ses lieutenants les plus capables, jugement profond et vrai du génie, qu'aimait à répéter celui dont nous parlons. C'est donc à cette éducation parfaite qu'il faut rapporter les mérites et les qualités de Champollion-Figeac : ses mérites que ses nombreux écrits et son influence sur les progrès de la science attesteront à tout jamais, ses qualités que sa famille proclame, et qui expliquent son dévouement pour les siens, son affabilité pour ses amis et son urbanité pour tous.

Ce fut enfin à cette instruction, si rare à cette époque, que Jacques-Joseph Champollion dût sa nomination de bibliothécaire de la ville antique et importante de Grenoble. Il en classa les archives, il en releva les inscriptions, dès 1804 ; plus tard, en 1807, il en publia l'histoire ancienne d'après ses monuments; enfin, avec la conscience et la persévérance qu'il montrait en tout, il revint à diverses reprises sur ce qu'il avait entrepris, et publia tour à tour de nouveaux éclaircissements sur la ville de Cularo, aujourd'hui Grenoble, sur diverses contrées de l'Isère, et sur les patois de ce département. C'était comme une seconde patrie, d'origine et d'adoption, dont il glorifiait les souvenirs. Sur ces entrefaites, l'Université renaissait de ses ruines, et lorsqu'on créa une Faculté des lettres à Grenoble, Champollion y fut appelé à la chaire de littérature grecque. Dèslors sa carrière était tracée, et l'objet de son enseignement concordait avec ses goûts et ses aspirations. Mais, tout en dévoilant à ses auditeurs la sublimité d'Homère et la majesté de Démosthène, il pénétrait au-delà, il fouillait les origines de ce peuple modèle et de cette langue aussi riche que sonore. Son frère était auprès de lui, et son jeune élève, qui devenait son maître, l'entraîna à sa suite vers l'Orient, vers ces contrées de la lumière primitive, vers ce but suprême des grands explorateurs de la pensée qui, dans l'océan des âges, cherchent la vérité sous les légendes et la grandeur dans les traditions. Champollion jeune poursuivait déjà son immortelle découverte; l'Égypte l'avait attiré comme un aimant irrésistible, et il en rêvait la conquête historique comme conséquence de sa conquête militaire. Il entassait essais sur essais, recherches sur recherches; son frère l'aidait, et gagnait sa fièvre inspiratrice. Tandis que l'un déterminait la géographie de l'Egypte et en poursuivait les arcanes dans la langue copte et dans ses différences avec le Grec et l'Arabe, l'autre en approfondissait l'histoire relativement moderne, celle de la domination des lieutenants d'Alexandre. Il suffit, plus tard, d'un concours proposé par l'Académie des inscriptions et belles-lettres, pour tracer sa route définitive à l'aîné des Champollion. Mais un événement colossal vint pour quelque temps séparer les deux frères et interrompre leurs travaux adéquats.

L'année 1815 commençait par un coup de tonnerre politique, et Napoléon 1er arrivait à Grenoble au commencement de mars. Entouré seulement de quelques soldats et accompagné par la population des campagnes, il lui fallait un secrétaire pour transmettre ses ordres et pour expliquer ses intentions ; or le baron de Renauldon, maire de la ville à cette époque, indiqua à Sa Majesté Impériale Jacques-Joseph Champollion, comme un homme d'une discrétion égale à l'intelligence. Son dévouement, d'ailleurs, ne pouvait être suspecté ; car Champollion, aussi attaché à l'ordre qu'à la liberté, à la grandeur de la

France qu'à sa transformation, avait toujours vu en Napoléon l'organisateur du régime national, et l'estimait encore au-dessus du plus illustre des Ptolomée ou du plus puissant des Rhamsès. Après une entrevue avec l'Empereur, se reconnaissant utile, Champollion n'hésita point à suivre la destinée alors hasardeuse du grand homme-patriote, et abandonna pour lui sa famille, son frère et ses livres bien-aimés. Pendant trois mois il travailla avec autant d'ardeur que de désintéressement, se dévoua tout entier à la cause et au service de celui qui l'avait appelé ; mais, moins heureux que les travailleurs de la dernière heure à la vigne céleste, loin d'être récompensé de son abnégation, il n'en récolta que des souffrances et des persécutions. La science, hélas ! parmi ses adeptes, compte aussi des courtisans de toutes les puissances, des serviteurs de toutes les causes, des ultras de tous les partis. Champollion s'en aperçut avec douleur : il perdit sa chaire et son haut grade dans l'Université, la décoration si honorable que son zèle avait obtenu, et qu'on ne rendit à sa renommée littéraire qu'en 1828, et, en 1818, pour mettre une de ses œuvres à l'abri des malveillances envieuses et des suspicions politiques, il dut faire parvenir par Strasbourg, et comme venant d'Allemagne, le savant mémoire qui devait remporter le grand prix à l'Académie des Inscriptions et belles lettres. Heureusement que ce qui affligeait son cœur, ne décourageait pas son esprit, et sa cause, qui devait encore attendre trente-six ans pour triompher, ne l'empêcha pas de forcer les portes de la célébrité officielle, et de prendre dans la science la place qui était due à ses talents.

Qu'était-ce donc que ce mémoire qui conquérait de haute lutte les suffrages de tous, et qu'on couronnait solennellement le vendredi 17 juillet 1818 ? C'était une chronologie, rétablie dans sa plus stricte exactitude, de la dynastie des princes d'Égypte d'origine grecque, et suivie d'une histoire véridique de leurs règnes et de leur âge. Jusqu'alors la science n'avait pu faire coïncider les dates des principaux évènements de l'Égypte au temps des Lagides, avec les écrits divers et contradictoires qui en avaient traité. Les historiens n'étaient point d'accord avec les chronologistes, les olympiades ne concordaient pas avec l'ère Assyrienne de Nabonassar, laquelle pourtant semblait avoir été adoptée en Égypte. Ce qui ajoutait à la confusion générale, c'était quelques faits, non rapportés par tous les annalistes, et qui concernaient des usurpations éphémères et des dépositions momentanées de princes légitimes. Il fallait donc reprendre et syncroniser trois siècles entiers, depuis la mort d'Alexandre jusqu'à la domination romaine ; il fallait lire et critiquer un grand nombre d'ouvrages, consulter des médailles presque toutes sans date, comparer, repousser, admettre, en un mot entreprendre une œuvre de patience et de jugement à la fois, œuvre capable d'élucider la plus embrouillée des questions, et que la foule des témoignages contraires rendait encore plus difficile à clarifier. Avec une sagacité, qu'aucun de ses prédécesseurs n'avait montrée, Champollion-Figeac découvrit dans les calculs astronomiques de Ptolémée le criterium dont il avait besoin pour expliquer les faits et contrôler les dates. Armé de l'Almageste, ce livre si précieux par l'exactitude de ses observations météorologiques, il chercha les constatations des phénomènes naturels qui pouvaient servir de base à ses calculs historiques, et la date positive d'une éclipse de lune lui permit de rectifier bien des erreurs et de rétablir une concordance chronologique, qui jusqu'alors avait échappé à la science. Dès lors son problème était résolu, il put rétablir la suite des faits dans leur accord et dans leur logique, et écrire plus tard l'histoire définitive de la dynastie des Lagides.

Son livre eut autant de succès que son prix ; mais ce qui l'aida et le toucha davantage, ce fut l'occasion que ce livre lui offrit de faire la connaissance et de mériter l'estime du célèbre Dacier, alors secrétaire perpétuel de l'Académie des inscriptions et belles lettres. Ce savant, aussi sévère qu'impartial, trop élevé au-dessus de ses collègues pour épouser leurs querelles et pour adopter leurs antipathies, préoccupé seulement des progrès de la science, prit intérêt à Champollion et à ses travaux, l'encouragea, le conseilla, le soutint. Leur liaison gagna de jour en jour en confiance et en amitié ; et bientôt Champollion-Figeac devint le collaborateur du savant érudit, le rédacteur d'une partie de ses notices. Cette fréquentation assidue d'un homme presque universel, ces lectures comparatives qu'il fut obligé de faire pour se tenir au courant de la science, et pour se montrer capable de comprendre les indications, les critiques, les idées d'un grand esprit qui jetait encore tant de flammes en s'éteignant, tous ces labeurs variés et assidus furent de la plus incontestable utilité à Champollion, et le renforcèrent à un tel point qu'il eût été capable, n'eussent été les jalousies qui l'entouraient, de remplacer son maître à l'heure de son décès. Dacier lui fut, du reste, le plus convaincu des protecteurs ; malgré les oppositions de toutes sortes, il le fit admettre, accepter, souffrir sinon pardonner par la Restauration et par l'Institut. Il lui dut tour à tour sa place de Professeur de paléographie à l'école des Chartes, et celle, plus importante encore, de Conservateur du cabinet des chartes et des diplômes de l'histoire de France à la bibliothèque du roi. Dès lors Champollion se partagea entre l'Orient et la France, entre l'antiquité et le moyen âge, et on dut à sa nouvelle érudition déjà féconde les plus intéressantes publications : *les Tournois du roi Réné* (1827 in-folio), *une Charte de commune en langue romane pour la ville de Gréalon en Quercy* (1835 in-8°), enfin la très-curieuse compilation intitulée : *Documents inédits tirés des collections manuscrites de la bibliothèque royale et des archives des départements* (1842, 4 v. in-4°).

Cependant Champollion jeune était venu retrouver son frère à Paris, et il rencontra, lui aussi, dans Dacier, un homme digne de l'apprécier et de le comprendre. Aussi lui adressa-t-il en 1822, à titre d'hommage, la fameuse lettre où il divulgue l'alphabet des hiéroglyphes. Cette découverte merveilleuse fut contestée et attaquée ; puis défendue par les deux frères à la fois. Les adversaires étaient nombreux ; les adhérents étaient rares, mais éminents : Sylvestre de Sacy, Letronne, Humbolt, Arago, et toujours Dacier. Il fallut six ans de lutte en Europe aussi bien qu'en France pour faire triompher la vérité, et décider l'expédition scientifique en Égypte, dont Champollion jeune tira sa gloire. C'est à son frère que ce dernier envoya ses lettres, datées des temples qu'il explorait, non-seulement comme au plus digne des confidents, mais comme à un véritable collaborateur; et Champollion-Figeac les fit insérer dans le *Moniteur*, et en corrigea les difficiles et minutieuses épreuves. Grâce donc à cette initiation du frère aîné dans les travaux de son célèbre cadet, la science ne fit pas une perte irréparable par la mort hâtive de Champollion jeune, en mars 1832. Son frère aîné, ayant ses manuscrits à sa disposition et étant au fait de ses découvertes, le suppléa, le continua, imprima sa grammaire et son dictionnaire, et plus tard compléta son œuvre par une histoire d'Egypte d'après des documents tout nouveaux et une chronologie vérifiée sur des inscriptions si longtemps lettres-mortes, et désormais lisibles par les efforts d'un génie persévérant.

Après ces publications si importantes pour la science, et si honorables pour Champollion-Figeac, il y avait trop longtemps qu'il était heureux, tranquille et estimé, l'adversité réclamait son tour, et devait lui rappeler encore une fois qu'ici bas les passions s'apaisent sans s'éteindre, les haines se déguisent sans s'oublier, les convoitises ne se calment que pour attendre leur heure. Cette heure de réaction et de revanche sonna pour Champollion en 1848. On lui retira sans dédommagement sa place de Conservateur des Chartes et Diplômes de l'histoire de France, et il dut redemander aux lettres les consolations que tous les grands esprits y trouvent. C'est alors qu'il conçut une histoire générale des peuples orientaux, d'après les données nouvelles et ces grands horizons ouverts sur les origines des Indoux, des Iraniens et des Arabes. Préoccupé, comme tous les véritables érudits, des découvertes modernes dans les langues et dans les annales des nations les plus immémoriales, frappé des travaux des Burnouf, des Langlois, des Chézy, des Fauche, des Eichhoff, des Caussin de Perceval, des Garcin-de-Tassy, des Mohl, des Reinaud, forte école du vénérable Sylvestre de Sacy, Champollion-Figeac résolut d'appliquer à leurs travaux remarquables mais divergens sa méthode si sagement synthétique, de grouper leurs documents, de les classer, et surtout de leur appliquer sa sévère et ingénieuse critique. Il n'a eu malheureusement le temps que de publier une histoire de la *Perse antique*; et à voir avec

quelle sagacité il se débrouille au milieu de ces dynasties ira-
niennes, présentées sous la forme légendaire plutôt qu'historique par le grand poète persan Firdouçi, dans son *Chah-nameh*,
livre des rois, à constater avec quelle clarté il dégage la vérité
à travers les erreurs accumulées, le positif à travers les rêves
poétiques, le simple à travers l'hyperbole orientale, on regrette
bien vivement qu'il n'ait pas eu le loisir d'achever son œuvre,
et de porter la lumière dans le chaos des traditions indoues et
dans les ténèbres antè-islamiques.

Mais un autre soin devait désormais nourrir son zèle, d'autres labeurs devaient employer ses derniers instants. Un
prince qui avait sauvé la société d'un cataclysme et la France
d'une de ces crises les plus redoutables, un nouveau Napoléon,
remarquable entre toutes ses hautes qualités par la mémoire
des dévouements à sa dynastie, songea au vieux serviteur de
son oncle, et lui confia la bibliothèque du Palais de Fontainebleau. C'était combler les vœux du savant, tout en récompen-
sant des services qu'il croyait oubliés. Champollion s'efforça
donc de justifier un bienveillance dont il était profondément
touché : il reconstitua cette bibliothèque, reléguée dans les
hauteurs du Palais, revendiqua tout ce qui lui appartenait à
Paris, et obtint pour elle le plus beau local, le plus large, le
plus clair, le plus luxueux, une des galeries du Château nou-
vellement restaurée. L'Empereur, du reste, ne borna pas ses
grâces envers Champollion-Figeac à cette réparation des injus-
tices dont il avait été victime, excellent juge des aptitudes et
des mérites littéraires, il lui demanda un livre de Bénédictin
sur le Palais de Fontainebleau. Le serviteur, digne du maître,
exécuta à la lettre la prescription impériale, et entreprit et
acheva l'histoire la plus complète, la plus véridique et la plus
attachante de cette résidence de nos rois, si ancienne et si
mémorable. Cette œuvre est trop importante pour ne l'apprécier qu'en quelques mots, et nous nous réservons la tâche d'en
essayer ultérieurement l'analyse la plus complète possible
pour notre ignorance.

C'est ainsi qu'honoré de la faveur de Sa Majesté et entouré
de l'estime de tous, Champollion-Figeac termina sa féconde

carrière ; seulement il l'avait trop prolongée pour ne pas
éprouver de ces douleurs intimes qui viennent s'ajouter dans
une longue vie à tous nos autres chagrins. De sa belle famille,
si distinguée et si unie, il perdit tour à tour plusieurs mem-
bres, sa digne et excellente femme d'abord, puis trois de ses
fils, le premier encore jeune, les deux autres déjà parvenus
à la position élevée que leur conduite, leur caractère et leurs
talents leur avaient seuls mérité : l'un colonel d'artillerie,
l'autre procureur impérial. Il ne lui restait plus qu'une fille,
qui fut son Antigone, et un fils qui, doué des mêmes goûts que
lui, livré à des occupations analogues quoique bornées à nos
annales, est digne déjà, par ses publications consciencieuses
et par ses études approfondies, d'hériter des devoirs et des travaux de son père, et sur lequel la science historique peut
aussi compter. Cependant, malgré ses souffrances de cœur,
malgré son grand âge, Champollion-Figeac se montra toujours laborieux et attentif au progrès de la science. Dans sa
vieillesse la plus extrême, sa mémoire avait peut-être oublié
une partie de ces faits obscurs qui peuplent l'histoire des
nations, mais il n'avait rien oublié de l'histoire des idées. Ce
grand espace des siècles où s'effectuent les développements
successifs de l'humanité, il l'avait toujours présent à l'esprit ;
il l'avait rempli des jalons de sa critique, et il discernait des
rapports ou des différences là où d'autres ne voient que confusion ou similitude. Il avait si bien classé le caractère des
peuples par leurs mœurs, leur langage, leur poésie, leurs
institutions, leur culte et leur morale, qu'il ne se trompait
jamais sur leur importance et sur leur origine. Nous l'avons
vu, il y a deux ans à peine, lire attentivement l'œuvre philo-
logique de Max Muller, *la Science du langage,* et dans ses juge-
ments successifs de cet ouvrage si important, il nous surpre-
nait par la lucidité de sa critique survivant à sa propre force
de conception ; les paradoxes du savant allemand, il les écar-
tait avec autant de rigueur qu'il adoptait avec approbation ses
comparaisons ingénieuses et ses vues justes et véridiques.
Nous l'avons entendu émettre, à propos des présomptions de
l'illustre professeur, des idées aussi saines et aussi neuves que

dans toute la force de son talent, tant le génie de la science
inspire jusqu'au dernier moment ceux qu'il a éclairé toute
leur vie de ses plus fécondants rayons.

Le pays dont il s'est tant occupé, l'Égypte, avait pour usage
de juger ses morts illustres ; pourquoi ne lui appliquerions-
nous pas cette marque de respect et d'hommage ? Or, dans ce
cas, comment formuler notre appréciation sur lui, sinon en
répétant que sa vie a été aussi noblement qu'utilement remplie ? Il a été bon pour sa famille, dévoué à ses amis, bienveil-
lant pour tous ; il a devancé ses contemporains dans les travaux
de la science, dans ses progrès, dans ses vues d'avenir ; il lui
a plus tard apporté le concours précieux de son expérience et
de sa critique ; il a fait préférer les recherches approfondies
aux appréciations personnelles, la méthode des preuves ras-
semblées aux présomptions les plus ingénieuses ; il a fait pré-
valoir l'étude des sources sur les hypothèses historiques, la
supériorité du vrai sur le probable ; il a compris bien vite
aussi quel degré de richesses nouvelles amèneraient les études
orientales, et il a été l'un des fondateurs de la Société asiati-
que ; il a continué dans l'exploration de nos propres annales
la science patiente et positive des Bénédictins, sans leur sacri-
fier la comparaison des esprits et le mouvement des époques,
et il a été l'un des rénovateurs de l'École des Chartes ; il a fait
faire un pas immense à la paléographie française, et il en a
été l'un des professeurs les plus distingués ; il a complété
l'œuvre de son frère, en appliquant sa grande découverte à
l'histoire ; il a suivi la marche des études nouvelles du sanscrit
et du zend, et il a écrit une esquisse des origines persanes
d'après le *Chah-nameh ;* enfin il s'est occupé jusqu'à ses derniers jours des rapports singuliers qui apparaissent entre
l'Iliade et le Ramayana, entre Homère et Valmiki, et il aurait
voulu entreprendre une appréciation du caractère des races
d'après leurs poésies et leurs ouvrages les plus antiques, les
védas pour l'Inde, les moallacats pour l'Arabie, et les poèmes
orphiques pour la Grèce ancienne. Mais il a assez fait pour sa
renommée, sans avoir besoin de rappeler ces projets, confi-
dences d'un père ou d'un maître à son fils ou à ses élèves, et

nous pouvons dire que s'il sera longtemps pleuré par ses
enfants, toujours regretté par ses amis, il ne sera jamais oublié
par la France, qui lui doit, ainsi qu'à son frère, l'honneur de
lutter avec succès, en érudition et en découvertes scientifiques,
avec l'Allemagne, l'Angleterre et l'Italie.

JULES DAVID

Fontainebleau. — Imprimerie E. Bourges.